Sternzeichen

Schütze

23. November – 21. Dezember

Die starken und schwachen Seiten des Schütze-Menschen

Das Zeichen Schütze ist eines der drei Feuerzeichen – das letzte im ausklingenden Jahr, und Jupiter ist sein Regent. In der ersten Dekade regiert Jupiter uneingeschränkt (Geburtstage bis 2. Dezember), während in der zweiten Dekade (3. bis 12. Dezember) Mars als Unterregent eine Rolle spielt und in der dritten Dekade (13. bis 22. Dezember) die Sonne Unterregent mit nicht geringem Einfluß ist.

Im Zeichen Schütze geht der Herbst zu Ende, werden die Tage bereits winterlich kurz – doch um die Menschen, die in diesem Zeichen geboren werden, ist nichts von Wehmut, Dunkelheit und Abschiednehmen. Das Schütze-Feuer ist ein helles, positives, lebensbejahendes, und auch beim heftigsten Aufflammen des Temperaments ist ihm nichts Zerstörerisches eigen.

Im Kreis der Schütze-Geborenen lassen sich die besten Kameraden finden, die man sich nur vorstellen kann. Sie bemühen sich in der Regel auch dann um ein zumindest leidliches Auskommen, wenn sie gezwungen sind, mit jemandem Kontakt zu pflegen, der ihnen im Grunde genommen nicht „liegt". Arbeitskollegen gegenüber zum Beispiel oder angeheirateten Verwandten versuchen sie sich fair zu verhalten, auch wenn man es ihnen nicht leichtmacht. Bietet sich eine Gelegenheit, auf Distanz zu gehen, wird sie sogleich wahrgenommen, denn Schütze-Geborene haben nicht gerne Menschen in ihrer Nähe, die einen Lebens- oder Arbeitsstil vertreten, der ihrem eigenen entgegengesetzt ist – besteht diese Möglichkeit aber nicht, versuchen sie eben, das relativ Beste aus der Zwangslage zu machen.

Wie nicht viele andere, verstehen es Schütze-Menschen, sich zu arrangieren. Sie geben auch nie die Hoffnung auf, daß doch noch eine Wendung zum Guten eintreten wird, beziehungsweise verläßt sie diese Hoffnung immer nur kurzfristig. Depressionen halten im Schütze-Zeichen nicht lange an, Enttäuschungen werden überwunden, und man ist

bereit, sich selbst und auch anderen immer wieder noch einmal eine Chance zu geben.
Schütze-Menschen beweisen bei jeder Gelegenheit, daß sie Kinder eines „Feuerzeichens" sind. Alle Regungen ihres Gemütes sind lebhaft bis heftig, warm, mitunter unkontrolliert; ihr Interesse bleibt niemals lau, entzündet sich vielmehr rasch und heizt dann die Unternehmungslust tüchtig an – ihr Charakter trägt vorwiegend hitzige Merkmale. Man hat es also bei den Schütze-Geborenen mit temperamentvollen, leicht erregbaren Menschen zu tun.
Wenn man von dem Feuer spricht, so kann das mit positiver oder negativer Bedeutung geschehen – je nachdem, ob die guten Eigenschaften des Feuers gemeint sind, das Wärmende, Leuchtende, oder die schlechten, denn Flammen können ja auch zerstörend wirken.
Die Aufgeschlossenheit, ungekünstelte Herzlichkeit, die Begeisterungsfähigkeit und Energie dieser Menschen gehören dagegen in die Rubrik „Vorzüge" eingetragen.
Wie sieht es mit den starken und schwachen Seiten dieser Menschen aus? Wenn die Begeisterungsfähigkeit mit dem Schütze-Typ „durchgeht", wenn er sich impulsiv und unüberlegt zu Handlungen hinreißen läßt, die besser unterblieben, wenn er die Kontrolle über die heftigen Aufwallungen seines Gemütes verliert – dann kann man von Schwächen sprechen.
Ziemlich viele Schütze-Menschen sind jähzornig. Vor allem, wenn sie sich in ihrer persönlichen Freiheit eingeengt fühlen – egal, ob dies tatsächlich der Fall ist oder ihnen bloß so scheint! –, reagieren sie hitzig. Sie schießen dabei leicht übers Ziel hinaus. Der Krach, den sie in der ersten Aufwallung des Zornes schlagen, steht oft in keinem rechten Verhältnis zu der Ursache, die ihn ausgelöst hat.
Eine „goldene Regel" für den Umgang mit Schütze-Menschen lautet deshalb: Man darf niemals auf die Goldwaage legen, was ein empörter Schütze-Typ im auflodernden Zorn hervorsprudelt. Er meint es nämlich gar nicht so böse, wie es klingen mag. Und sobald er sich so

richtig „Luft gemacht" hat, tut ihm meist auch schon wieder leid, daß er seine Umgebung attackierte – oder aber er vergißt die ganze Angelegenheit binnen kurzem. Der Schütze-Typ ist zwar in seinen Temperamentsäußerungen vehement – eines aber ist er gewiß nicht: nachtragend. Sobald er „reinen Tisch" gemacht hat, ist die Sache für ihn wirklich erledigt, und es besteht nicht die Gefahr, daß er wieder und wieder darauf zurückkommen wird.

Freilich – der Schütze-Groll kann noch eine andere Variante aufweisen, und die äußert sich dann als Trotz. Im allgemeinen neigen weibliche Schütze-Geborene eher zum Trotzen als Schütze-Männer. Meist tritt der sich versteifende Widerstand und die länger dauernde Trotzhaltung aber nur auf, wenn die Schütze-Frau falsch behandelt wird, wenn versucht wird, ihren Stolz zu brechen oder sie an die kurze Kette zu legen.

Vom Schütze-Menschen wird größtenteils zu Recht behauptet, daß er „das Herz auf der Zunge trägt". Er ist also aufrichtig – meist ohne zu bedenken, ob er sich damit schaden könnte. Und er verabscheut das Gegenteil: die Heuchelei, das Leisetreten, die Intrige. Wenn er etwas nicht verträgt, so ist es das Verhalten von Menschen, die ihm lächelnd begegnen und im geheimen Ränke schmieden.

Die eben erwähnte Aufrichtigkeit, die positive Einstellung zur guten Kameradschaft, zum fairen Kräftemessen und die echte Hilfsbereitschaft sind eindeutige Vorzüge, die auf der Plusseite des Schütze-Charakters stehen. Man hat es bei den Geborenen des Zeichens Schütze mit großzügigen Menschen zu tun. Sie hegen eine tiefwurzelnde Verachtung gegen Pedanterie, „Spießbürgertum", gegen alles, was kleinlich ist oder ihnen kleinlich scheint.

Wie sich diese Haltung darbietet, hängt nicht zuletzt vom Standpunkt des Betrachters ab. Ist dieser kritisch, so könnte er darauf verweisen, daß beispielsweise beim Schütze-Typ ein starker Hang zum Luxus vorliegt. Es ist nicht zu leugnen: Schütze-Menschen lieben das behagliche Leben, sie lieben den Genuß, lieben es, „sich etwas zu gönnen", ein

großes Haus zu führen, sich mit schönen und wertvollen Dingen zu umgeben, für Kleidung, Schmuck und allerlei nicht unbedingt lebensnotwendige, aber hübsche Dinge Summen auf den Tisch zu legen, die sich vielleicht „nützlicher" verwenden ließen.
Auf der anderen Seite hingegen ist der Schütze-Mensch weiblichen wie männlichen Geschlechts der perfekte Lebenskamerad, der mit dem Partner durch dick und dünn geht, auf den man sich auch in Notzeiten verlassen kann und der – wenn es sein muß – auch zu sparen versteht. Allerdings nur dann, wenn es sein muß.
Sein praktisch unbesiegbarer Optimismus ist es, der es dem Schütze-Geborenen im Grunde genommen leichtmacht, auch in kritischen Situationen den Kopf nicht hängen zu lassen; ist er doch felsenfest davon überzeugt, daß jedes Pech nur vorübergehender Natur sein kann und daß ein Fehlschlag sich bald ins Gegenteil verkehren muß.
Schütze-Geborene blicken nicht zurück. Sie leben intensiv in der Gegenwart und sind eindeutig zukunftsorientiert. Das bedeutet in gewisser Hinsicht, daß sie aus begangenen Fehlern nichts gelernt haben, daß sie jeder Veränderung unbekümmert und guten Mutes gegenübertreten. Ob das ein Nachteil für sie ist, oder ob es vielleicht gerade ihre Stärke ausmacht – wer will das allgemeingültig beantworten? Eines jedenfalls ist so gut wie sicher: Wer im lebensbejahenden, fröhlichfeurigen Zeichen Schütze das Licht der Welt erblickte, der wird nicht untergehen, auch wenn es rund um ihn stürmen und gewittern sollte!
Allen Partnern und Freunden von Schütze-Geborenen kann verraten werden, daß das Zusammenleben mit den Vertretern dieses Tierkreiszeichens eines jedenfalls nie wird: langweilig! Die Schützen werden schon dafür sorgen, daß sich irgend etwas tut, daß Bewegung und Schwung vorherrschen, daß ständig etwas geplant ist. Sie schaffen es nämlich nur äußerst schwer, untätig die Dinge auf sich zukommen zu lassen. Ihrem Naturell entspricht es, voller Ungeduld und Spannung darauf zu warten, daß wieder irgend etwas Aufregendes geschieht.
Geht es einmal wirklich drunter und drüber, dann sind die meisten

Schütze-Geborenen wirklich in ihrem Element. Sie fühlen sich von dem Durcheinander im allgemeinen keineswegs beeinträchtigt oder gar überfordert, sondern „spucken" viel lieber – bildlich gesprochen – einmal kräftig in die Hände, um dann mit vollem Einsatz und voller Energie wieder gründlich Ordnung zu schaffen. Diesen Zug muß man durchaus als positive Seite anerkennen, denn gerade schwächere Menschen, die der Führung bedürfen, sind gut beraten, wenn sie sich in Krisensituationen an so einen tatkräftigen Schützen wenden, der es bestimmt schaffen wird, die Dinge wieder ins Lot zu bringen. Daß es dabei allerdings auch zu Übertreibungen kommen kann, darf nicht verschwiegen werden.

Die Erziehung der Schütze-Kinder

Schütze-Kinder sind in ihrer Veranlagung besonders lebhaft und sportlich. Schon das Kleinste kann es kaum erwarten, bis es aus seinem Korb in die große Welt hinauskrabbeln kann, und geht auf Eroberungszüge, noch ehe es so richtig stehen kann.
Aus diesem Grund sind die kleinsten unter den Schützen bisweilen Mutters spezielle Sorgenkinder, weil sie überall dabei sind und ständig eines wachsamen Auges bedürfen, das sie sicher vor allen Fährnissen des Alltags behütet.
Tatsächlich erweisen sich Schütze-Kinder öfter denn andere als typische „Unfallkinder", die aber zumeist dank ihrer außerordentlichen Wendigkeit und ihres körperlichen Geschicks noch so etwas wie Glück im Unglück haben.
Sportliche Betätigung und vor allem das Leben in der freien Natur sind das richtige Betätigungsfeld für den kleinen Wildfang und so recht das Element, in dem er sich wohl fühlt.
Bisweilen mag er darin des Guten ein wenig zuviel tun, und dann wird es Sache der Mutter sein, mit liebevoller Konsequenz dafür zu sorgen, daß auch das schönste Spiel sein rechtzeitiges Ende findet, daß die Mahlzeiten pünktlich eingenommen werden und daß der kleine Rutschepeter ins Bett kommt, wenn seine Schlafenszeit ist, auch wenn er noch so schön bettelt: „Mutti, bitte noch eine Viertelstunde spielen!"
Die Gewöhnung an eine feste Ordnung ist einer der wesentlichen Faktoren bei der erfolgreichen Erziehung des Schütze-Kindes, und es kann gar nicht früh genug damit angefangen werden. Die unglückliche Mutter, die erst dann damit anfängt, ihrem Sprößling die Grundsätze eines geregelten Lebens zu predigen, wenn er schon in die Schule geht, wird vor einem fast unlösbaren Problem stehen, weil sich seine Aufmerksamkeit dann in so vieles zu teilen hat, daß er es einfach nicht fertig-

bringt, ihren Ermahnungen zur täglichen Ordnung Gehör zu schenken. In der Schule haben Eltern und Lehrer oft ihre liebe Not, weil sich solche Kinder einfach nicht konzentrieren können. Sie sind vielfach durchaus überdurchschnittlich begabt und ernten doch schlechte Noten am laufenden Band, wenn sie nicht beizeiten lernen, ihre Gedankengänge einer strengen Disziplin zu unterwerfen. Am leichtesten tun sie sich unweigerlich in den sportlichen Fächern, die ihrem natürlichen Betätigungsdrang am besten entgegenkommen, doch sollten die Eltern vor allem während der Entwicklungsjahre dafür sorgen, daß sie dabei des Guten nicht allzuviel tun, denn zu große Anstrengungen könnten unter Umständen zu Schädigungen des jugendlichen Organismus führen.

Schütze-Kinder lieben es, auf Entdeckungsreise zu gehen, und erlangen in dieser Hinsicht schon früh eine beachtliche Selbständigkeit. Ihr stark entwickeltes Freiheitsbedürfnis läßt ihnen ein „Zu-Hause-bleiben-Müssen" bisweilen als die furchtbarste aller Strafen erscheinen, weshalb sie von den klugen Eltern zwar selten, aber um so wirkungsvoller angewendet werden wird.

Schwierig ist es bisweilen mit dem außerordentlich stark entwickelten Mitteilungsbedürfnis der Schütze-Kinder. Sie haben fast gar keine kleinen „Geheimnisse", weil sie, was immer sie auf dem Herzen haben mögen, treuherzig und offen weitererzählen, leider bisweilen auch Dinge, die sie besser für sich behielten. Es liegt an den Eltern, in dieser Hinsicht das Verantwortungsbewußtsein des kleinen Schützen zu wecken, das ja im allgemeinen ganz gut ausgeprägt ist, und ihn gelegentlich zum Mitwisser einer kleinen häuslichen Verschwörung zu machen, um seine Standfestigkeit in dieser Hinsicht zu stärken.

Schütze-Mädchen machen es ihren Müttern nicht immer leicht. Sie sind viel zu sportlich, um sich leicht an ihre häuslichen Pflichten zu gewöhnen, und empfinden die Mithilfe im Haushalt bisweilen als ein recht lästiges Übel, zumal sie viel lieber mit ihren Brüdern herumtollen und wenn möglich auf Bäume klettern wollen. Sie zeigen sich in

den praktischen Dingen des Lebens recht geschickt, doch erlahmt ihr Interesse verhältnismäßig rasch, weshalb sie für komplizierte Handarbeiten und Ähnliches kaum zu haben sein werden. In der Betreuung ihrer jüngeren Geschwister erweisen sie sich als zwar liebenswürdige, aber ungeduldige Hüterinnen, die ihr Autoritätsbedürfnis zuweilen stark übertreiben und zu richtigen kleinen Tyranninnen werden.
Bereits früh fühlt sich der im Zeichen Schütze geborene Schüler lebhaft vom Sinn und der Bedeutung des Lebens angezogen. Er begnügt sich nicht mit den Tatsachen, sondern wird von dem lebendigen Drang beherrscht, sich ein bestimmtes Ziel zu setzen und seine Anstrengungen auf irgendein Ideal zu richten. Von dem, was sein könnte, fühlt sich das Schütze-Kind stärker angezogen als von dem, was ist. Der Lehrer, der einen Schütze-Geborenen zu erziehen hat, muß immer mit der Frage rechnen: „Was ist der Sinn dieser Tatsache, jenes Ereignisses oder dieses Vorfalls?" Der Schütze-Schüler bringt den universellen Gesetzen des Lebens und den großen allgemeinen Weltvorstellungen ein starkes Interesse entgegen. Das Schütze-betonte Kind ist überhaupt lebhaft und liebt es, sich in Spiel und Sport auszutoben. Seine Vorliebe für körperliche Bewegung ist außerordentlich stark. Hier sollten Eltern und Lehrer zuweilen mäßigend eingreifen.
Die Bändigung des ungestümen Schütze-Kindes ist aus gesundheitlichen Gründen notwendig, denn Überanstrengungen können zur Schädigung des kindlichen Herzens führen. In erhitztem Zustand sollte das Trinken eisgekühlter Getränke vermieden werden. Das Schütze-Kind kann sich sonst Magen- und Darmerkrankungen zuziehen, die sich später das ganze Leben über bemerkbar machen. Schon frühzeitig liebt der kleine Schütze eigene kleine Entdeckungsreisen. Sein Freiheits- und Unabhängigkeitsdrang ist sehr groß. Darauf muß man bei der Erziehung Rücksicht nehmen. Die seelische Entwicklung des Kindes läßt sich in dieser Beziehung durch gemeinsame kleine Ausflüge an Sonn- und Feiertagen fördern. Da das Mitteilungsbedürfnis stark entwickelt ist, können Schütze-Kinder nur schwer ein „Geheimnis" für

sich behalten. Man muß ihnen beibringen, wann es ratsam ist zu schweigen.
Ihr Schütze-Kind ist ein lebhaftes, liebenswürdiges Geschöpf von anhänglichem Naturell und charmantem Wesen. Schon vom zartesten Alter an zeigt es seine Liebe zur Unabhängigkeit. Schon sehr bald möchte es laufen, und seine ersten Sprechversuche werden Sie in Erstaunen versetzen. Wenn Schwierigkeiten auftauchen, versucht das Kind, sie ohne die elterliche Hilfe zu überwinden. Das Schütze-Kind wird Ihre Erfindungsgabe auf eine harte Probe stellen, denn es wünscht sich immer neue vergnügliche Spiele entsprechend seinem lebhaften Temperament. Diese unruhige Art des Kindes erfordert besondere Aufmerksamkeit in bezug auf Unfallgefahren.
Anpassungsfähig wie es ist, macht das Schütze-Kind seinen Weg im Leben meist mit Erfolg. Es hat allerdings das Bestreben, entsprechend dem veränderlichen Tierkreiszeichen, seine Ansichten und Ziele zu ändern. Diese Neigung zum Wechselhaften macht es notwendig, die Entschlossenheit und Ausdauer des Kindes zu fördern. Der Planet Jupiter, der das Schütze-Zeichen beherrscht, verleiht dem Kind eine gewisse Trägheit, die sich überwinden läßt, wenn man das Interesse des Kindes planmäßig auf ein festes Ziel richtet und seine Willenskraft weckt. Obwohl es nicht immer deutlich in Erscheinung tritt, besitzt das Schütze-Kind dennoch Ehrgeiz, und wenn seine Schwächen geschickt bekämpft werden, vermag es die Spitzenposition in jeder beliebigen Laufbahn zu erklimmen. Im allgemeinen wird der Mensch des Schütze-Zeichens während seines ganzen Lebens vom Glück begünstigt.

Der Schütze-Mensch als Freund

Ob Liebe, Ehe oder Freundschaft – die Angeln, in denen sich alles dreht, sind bei Schütze-Menschen in jeder Form menschlicher Beziehungen dieselben: Es kommt auf die Freiwilligkeit an und darauf, daß das Band nicht zu kurz und straff ist.

Man kann Schütze-Menschen seine Freundschaft nicht aufdrängen. Sie sind in der Wahl ihrer Freunde impulsiv. Niemals werden Erwägungen praktischer oder gar berechnender Art – „dieser Mensch könnte mir einmal nützlich sein, deshalb muß ich trachten, ihn als Freund zu gewinnen" – irgendeine Rolle spielen.

Wenn aus einer Freundschaft Vorteile erwachsen, freut das den „Schützen" selbstverständlich, und er trachtet auch, sich erkenntlich zu zeigen, aber er strebt diese Vorteile nicht a priori an. Er nimmt sie sozusagen als angenehmen Begleitumstand, ohne enttäuscht zu sein oder sich gar zurückzuziehen, wenn eine Veränderung der äußeren Umstände den Freund der Möglichkeit beraubt, sich weiterhin nützlich zu machen.

Da Schütze-Menschen ihres liebenswürdigen, aufgeschlossenen Wesens wegen leicht Sympathien erringen, kommen sie im Laufe ihres Lebens relativ häufig in den Genuß freundschaftlicher Förderung. Das verdirbt ihr Wesen keineswegs. Vielmehr ist und bleibt Freundschaft für sie gleichbedeutend mit Uneigennützigkeit.

Bestechen lassen sie sich durch Wohltaten, die man ihnen erweist, nicht.

Man kann ihre Freundschaft also nicht kaufen. In erster Linie muß ihrerseits Sympathie vorhanden sein. Schütze-Menschen stoßen niemanden vor den Kopf, doch wenn sie für eine Person keinerlei Freundschaft empfinden, dann bleibt es beim unverbindlichen Freundlichsein, an dem man abprallt wie an einem sehr weichen, doch unübersteigbaren Grenzwall.

Der Vorteil liegt auf der Hand: Wer die Freundschaft eines Schütze-Geborenen erringt, darf sicher sein, daß sie auch ehrlich ist.
Was tun, um diese Freundschaft zu erhalten?
In erster Linie darf man den „Schützen" nicht als persönlichen Besitz betrachten, über den man nach Gutdünken bestimmen kann. Auch in der Freundschaft fordert der Schütze-Typ Freiheit. Er kommt und geht, wie es ihm behagt. Man darf sich nicht wundern, wenn er einmal

längere Zeit nichts von sich hören läßt. Das bedeutet im Fall „Schütze" nämlich nicht, daß seine Freundschaft lauer geworden wäre. Seine Freundschaftsgefühle sind wahrscheinlich unverändert geblieben, nur waren seine Interessen vorübergehend von etwas anderem in Anspruch genommen.

Der Schütze-Typ hat ein starkes Verlangen nach Abwechslung, das nur scheinbar im Widerspruch zur Beständigkeit seiner Gefühle steht. Er ist ein freier Vogel, den man in der Freiheit lassen muß, um sich an seinen Besuchen zu erfreuen. In einem Käfig eingesperrt (auch Freundschaft, in der ein Partner dem anderen Vorschriften macht, kann unter Umständen so ein Käfig sein) geht er der Gabe, Freude zu bringen, verlustig. Er ist dann nicht mehr er selbst.

Wer Freund eines Schütze-Geborenen wurde, darf von diesem auch nicht fordern, daß er sonst keine anderen Freunde habe. Diesen Wunsch nach Ausschließlichkeit würde er einfach nicht verstehen. Freundschaft ist für ihn ein teilbarer Begriff. Er ist sich vielleicht seines inneren Reichtums bewußt – doch auch wenn er ihn nur unbewußt empfindet, steht für ihn fest, daß selbst bei einem halben Dutzend Freunden keiner von ihnen zu kurz zu kommen brauche, ist er ihnen doch in gleicher Weise zugetan und bereit, jedem einzelnen in gleicher Weise beizustehen, wenn das nötig ist.

Von einem Schütze-Freund kann ein starker, ermunternder, anfeuernder Einfluß ausgehen. Ebenso wie er sich selbst nicht unterkriegen läßt und sich im Falle von Schicksalsschlägen als richtiggehendes „Stehaufmännchen" erweist, trachtet er nach Kräften, seinen Freunden „Optimismus-Injektionen" zu verabreichen. Er läßt es dabei nicht bei Worten allein bewenden, sondern greift auch gleich tüchtig zu, wenn ihm dies erforderlich scheint.

Dank wehrt er meist lachend ab – hört ihn allerdings nicht ganz ungern. Zwar macht ihm das Helfenkönnen an sich schon Freude, doch ist er für bewundernde Anerkennung seiner Tüchtigkeit keineswegs unempfindlich.

Berufe, die sich für Schütze-Menschen eignen

Schütze-Menschen fällt es relativ leicht, am Arbeitsplatz Sympathien zu erwerben. Bei Vorsprachen hinterlassen sie meist einen günstigen Eindruck, bei Verhandlungen bewähren sich ihr diplomatisches Geschick und ihre bewegliche Taktik. Der Schütze-Mensch versteht es, Vorgesetzte für sich einzunehmen, ohne übertrieben devot und unterwürfig zu sein. Er hat auch meist viele Freunde und Bekannte, die sich freiwillig gerne für ihn einsetzen, wenn er in eine Klemme geraten sollte. Im Kreis von Kollegen und Mitarbeitern sind Schütze-Menschen ebenfalls in der Regel beliebter als der Durchschnitt, gelten sie doch als kameradschaftlich, freundlich, hilfsbereit. Sie machen gerne einen Scherz, lehnen Intrigen ab und verfügen alles in allem über die sogenannte positive Ausstrahlung, die angenehm vermerkt wird. So nimmt man es ihnen nicht einmal übel, wenn sie gelegentlich explodieren und im jäh aufflammenden Zorn kränkende Worte gebrauchen. Man kennt sie schließlich und weiß, daß sie es erstens nicht so böse meinen und daß es ihnen zweitens sehr bald leid tun wird, so heftig geworden zu sein. Dann sind sie wieder doppelt nett.

Allgemein betrachtet sind diese lebhaften, wortgewandten Menschen mit ihrer überdurchschnittlichen Kontaktfreudigkeit und ihrem ebenso überdurchschnittlichen Reaktionsvermögen überall dort am Platz, wo es um das Zustandekommen und die Pflege eben jener Kontakte geht. Daß der Schütze-Typ sehr häufig obendrein ein Sprachentalent ist, sei hierzu ergänzend vermerkt. Dieser Umstand erleichtert es ihm nicht unwesentlich, sich eine Position auf internationaler Ebene zu schaffen. Man kann dabei ebenso an diplomatische Missionen denken wie an die Organisation wissenschaftlicher Kongresse, an Außenhandel und Wirtschaftsgremien, an das Management von Künstlertourneen, an leitende Posten bei großen Fluggesellschaften oder Schiffahrtslinien und noch an vieles andere mehr.

Am erfolgreichsten ist der Schütze-Mensch vorwiegend dort, wo er seine eigene Persönlichkeit in die Waagschale werfen kann. Das trifft auf den Vertreter, der mit Prospekten und Musterkoffer die Kunden aufsucht, ebenso zu wie auf den Lehrer, der mit seinen Schülern in der Regel guten Kontakt hat und sie richtig „zu nehmen" weiß, auf den geschickten Reporter ebenso wie auf den Conférencier oder die TV-Ansagerin.
Ein weiterer Umstand, der einen Beruf in den Augen der Schütze-Geborenen verlockend und sympathisch macht, ist die Abwechslung auch in bezug auf den Arbeitsplatz. Schütze-Menschen reisen gerne. Sie ergreifen jede Möglichkeit, andere Länder kennenzulernen. Es ist ihnen deshalb hochwillkommen, wenn sich ihre Entdeckungsfreudigkeit mit beruflichen Aufgaben verbinden läßt. Es ist kaum ein Zufall, daß ziemlich viele Forschungsreisende im Zeichen Schütze geboren wurden.
Ein gewisses Maß an Unabhängigkeit strebt jeder Schütze-Mensch an, zumindest im bescheidenen Rahmen. Er liebt es, den Rhythmus seiner Arbeit selbst zu bestimmen. Als ideal empfindet er es, nicht an festgesetzte Dienststunden gebunden zu sein. Deshalb entscheiden sich auch viele Schütze-Menschen für selbständige Berufe. Je freier sie sich fühlen, je stärker das Gefühl ist, daß sie sich ihr Pensum selbst einteilen können, desto leistungswilliger sind sie meist, desto fleißiger und ambitionierter.
Es ist bei den Schütze-Typen immer wieder dasselbe: Sie entfalten ihre besten Eigenschaften, den größten Eifer und auch die größte Beständigkeit, wenn sie zu sich selbst sagen können: „Das tue ich freiwillig – weil es mir Freude macht, weil ich es mir vorgenommen habe, und nicht, weil ich dazu gezwungen werde."

Der Schütze als Arbeitgeber

Die Liebe zur Freiheit wird die Berufswahl des typischen Schützen immer beeinflussen. Auch wenn es verständlicherweise eine große Anzahl dieser Sternzeichen-Vertreter gibt, die dazu verdammt sind, in einem Büro zu arbeiten, das ihnen nicht liegt, und einen Job auszufüllen, der ihnen wenig bedeutet, so werden sie das doch nicht leicht hinnehmen. Erfolgreich sind Schütze-Arbeitgeber immer dann, wenn sie einen großen Verantwortungsbereich haben, wenn es keine Nebenbuhler gibt, die ihnen dazwischenreden können, und wenn sie darüber hinaus Mitarbeiter führen dürfen.
Viele Schütze-Geborene werden Philosophen, Übersetzer, Verwaltungsfachleute, Rechtsanwälte, aber auch erfolgreiche Sportler. Außerdem gibt es unter diesem Zeichen viele Politiker, viele Werbefachleute, viele Entdecker und Reisende. Jene Arbeitgeber, denen die Arbeit nur wenig Spaß macht und die sich von ihr nicht ausgefüllt fühlen, verschreiben sich meistens einem erfolgreichen Ausgleichssport, um die überschüssigen Energien auf diese Art und Weise loszuwerden.
Der typische Schütze-Chef mag zwar hier und da einige Details übersehen, aber sein allgemeiner Überblick ist überraschend gut. Wenn sein Verstand erst einmal trainiert und ausgebildet wurde, dann verfügt er über ein ungewöhnlich klares Gedächtnis. Seine geistigen Kräfte erlahmen fast nie, und seine Neugierde ist nur schwer zufriedenzustellen.
Die realistische und logische Denkungsart des Schützen bedeutet, daß er sofort erkennt, wenn man ihn hereinlegen will oder ihm mit Vorschlägen kommt, die wenig Aussicht auf Erfolg haben.
All jene Menschen, die mit einem Schütze-Chef auskommen wollen, sollten sich klarmachen, daß dieser die absolute Wahrheit liebt. Es hat keinen Wert, ihm etwas vorflunkern zu wollen. Erstens durchschaut er

den falschen Zauber sofort, und zweitens hat er nicht das geringste Verständnis für Unaufrichtigkeit.
Der Schütze möchte sich auch als Vorgesetzter immer noch weiterbilden, immer noch dazulernen. Er interessiert sich auffallend für seine Angestellten, möchte alles über sie wissen, verkehrt fast immer mit akademischen Kreisen und hat großes Verständnis für alle, die ihren eigenen Wissensdurst zur Schau stellen.
Diejenigen, die Hand in Hand mit dem Schütze-Chef zusammenarbeiten, werden immer wieder davon überrascht, daß er auch nach vielen Jahren keine Routine aufkommen läßt und keine Langeweile. Seine Begeisterungsfähigkeit für seine Arbeit wird unermüdlich sein. Sich mit dem Schütze-Vorgesetzten auseinanderzusetzen ist deshalb schwierig, weil der Charme dieses Sternzeichen-Vertreters alle Angestellten, nicht nur die weiblichen, einwickelt.
Klappt einmal auf beruflichem Sektor irgend etwas nicht, dann sollten die Angestellten des Schütze-Chefs nicht gleich in Panik geraten. Dieser Mensch versteht sie und hat einen ausgeprägten Gerechtigkeitssinn, der dafür sorgt, daß nicht an falscher Stelle gestraft wird. Wie kaum ein anderer macht er sich klar, daß niemand perfekt ist und Mißerfolge nun einmal passieren können. Sein Optimismus führt dazu, daß er das Versehen leichtnimmt und davon ausgeht, daß der Fehler schnell wieder ausgebügelt werden kann. Kommt man ihm mit logischen Argumenten, dann ist er immer aufgeschlossen und ehrlich. Auch hat er nichts gegen Widerspruch. Aufmerksam hört er zu und räumt sogar einen eigenen Fehler bereitwillig ein.

Der Schütze als Angestellter

Im allgemeinen kann man den Schütze-Angestellten recht leicht identifizieren: Er ist nämlich meist derjenige unter den Mitarbeitern, der im Büro herumläuft und begeistert sagt: „Warum machen wir unsere Arbeit so, und nicht so?" Er ist außerdem derjenige, den man überhaupt nicht in Depressionen stürzen kann. Er kann gar nicht anders, als Begeisterung und Optimismus verbreiten, er kann jene nicht verstehen, die herumsitzen, sich selbst bemitleiden oder alles schwarz in schwarz sehen.

Nur der sehr schwache Schütze läßt diese Eigenarten bis zum Extrem kommen und macht sich auf diese Art und Weise lächerlich. Der starke Schütze dagegen mag das Gefühl haben, daß andere versuchen, ihn zu kontrollieren und zu lenken. Es ist jedoch besser, dies nicht zu tun und statt dessen zuzuhören, was dieser Sternzeichen-Vertreter zu sagen hat. Seine Ideen sind nämlich im allgemeinen nur im ersten Moment ungewöhnlich und unrealistisch. Fast immer stellt sich hinterher heraus, daß er doch recht gehabt hat und seinem Büro auf diese Art und Weise viel Geld sparen konnte.

Hübsche Mädchen, die in der unmittelbaren Umgebung des Schütze-Angestellten arbeiten, sollten sich vor ihm schützen. Aber auch das will gelernt sein. Je abwehrender sie nämlich ihre Hände ausstrecken, desto entschiedener setzt sich der Schütze in den Kopf, sie doch zu erobern. Auf Kampf oder eine Jagd kann er nun einfach nicht verzichten.

Trotz seines hektischen Privatlebens schafft der angestellte Schütze fast immer ein hervorragendes Betriebsklima um sich herum und ist nicht nur bei allen Kollegen und Kolleginnen gern gesehen. Er ist derjenige, der sich fast immer alles erlauben kann und dem auch die Vorgesetzten recht schnell eine gewisse Narrenfreiheit einräumen, weil sie merken, daß er trotz aller Hektik am meisten erreicht.

Der Schütze-Angestellte sollte jedoch vorsichtig sein, wenn er sich seinen Chef aussucht. Er braucht nun einmal einen Vorgesetzten, mit dem er sich identifizieren kann und den er respektiert. Am besten ist er in seiner Funktion als Angestellter, wenn er einen Chef hat, der Widder ist, Löwe oder Zwilling. Frustriert und unfähig zu arbeiten ist er unter einem Skorpion, einem Steinbock oder Stier.

Diese Gesundheitsregeln sollten Schütze-Menschen beachten

Der Schütze-Geborene ist ein Optimist reinsten Wassers. Auch in kritischen Situationen verläßt ihn niemals ganz die Überzeugung, daß sich letzten Endes doch noch alles zum Guten wenden werde – zumindest aber, daß er „mit einem blauen Auge" davonkommen werde. Und sieht er eines Tages seine Hoffnungen dennoch scheitern – schon hat er wieder einen Trost bei der Hand, der ihm über den Fehlschlag hinweghilft: Wer weiß – so redet sich der Schütze ein –, ob nicht gerade dieses Pech ein Glück ist! Was sich heute noch nicht erkennen läßt, das mag schon morgen zutage treten.

Eine derartige positive Einstellung zum Leben, die auch Erschütterungen nicht aus den Angeln heben können, hat gewiß viele Vorzüge. Sie erspart Grübeleien (die sich vielleicht wirklich bald als überflüssig erweisen), sie verhindert Depressionen mit ihren lähmenden Begleiterscheinungen und bringt es summa summarum mit sich, daß der optimistische Schütze-Typ praktisch ununterbrochen bereit ist, sich vertrauensvoll an Neues zu wagen. Da wird die Zeit nicht mit Zweifeln, Ängsten und Bedenken vergeudet.

Freilich – wer allzu sicher ist, der wagt bisweilen auch zuviel. Mit anderen Worten: Es ist nur ein kleiner Schritt von der frohgemuten Aktivität zum Leichtsinn.

Viele Schütze-Geborene sind in der Tat recht leichtsinnig, die männlichen noch etwas mehr als die weiblichen. Das zeigt sich in vielerlei Hinsicht und unter anderem auch in einer Weise, die als gesundheitsgefährdend bezeichnet werden muß. Es zeigt sich beim Sport und im Straßenverkehr, im Haushalt und am Arbeitsplatz, nicht zuletzt äußert es sich in der Weise, daß Symptome, die auf eine Krankheit, ein beginnendes Leiden schließen lassen, bagatellisiert werden. „Ach, mir passiert schon nichts!", ist ein Lieblingsausspruch vieler Schütze-Menschen. Oder: „Ich habe eine eiserne Gesundheit. Ich werde doch

nicht mit jeder Lappalie gleich zum Arzt laufen!"
Die meisten Schütze-Geborenen erfreuen sich tatsächlich einer vorzüglichen Gesundheit – was aber nicht heißt, daß ihr Organismus es ihnen gestattet, jahrelang ungestraft an dieser Gesundheit zu sündigen. Gesundheit ist nämlich nicht mit einem Blankoscheck zu verwechseln. Leichtsinn und Unvernunft können zu Schädigungen führen, die durchaus zu vermeiden wären. Wie? – Nun, zum Beispiel durch Maßhalten bei sportlicher Betätigung (Es muß sich schließlich nicht jeder an der Jagd nach neuen Rekorden beteiligen!), durch Kleidung, die der jeweiligen Jahreszeit Rechnung trägt.
Unbekümmertheit, falsch verstandene „Forschheit", Leichtsinn, Zerstreutheit sind auch die Ursachen für viele Unfälle. Schütze-Typen neigen zu Unfällen sowohl leichterer wie auch ernster Natur. Im Straßenverkehr verhalten sie sich leider oft nach ihrem Motto: „Mir kann nichts passieren!" Und diese keineswegs berechtigte Überzeugung läßt sie zum Beispiel auch sorglos mit Elektrogeräten umgehen, mit Werkzeugen, mit chemischen Präparaten, wie sie im Haus oder im Garten gebraucht werden, mit Leitern – und mit fremden Tieren. Tiere zu lieben, ist sehr schön – doch sich Tieren, die man nicht kennt, sogleich lebhaft zu nähern, ohne sich zu vergewissern, ob diese so eine freundschaftliche Annäherung auch wünschen und richtig verstehen – das ist unvorsichtig und trägt den Schütze-Geborenen leicht Biß-, Kratz- oder Hiebwunden ein.
Zusammenfassend gilt für Schütze-Menschen, die sich ihrer ihnen von der Natur verliehenen Gesundheit lange und ungeschmälert erfreuen wollen, in erster Linie eine Regel: mehr Vorsicht!
Der Schütze-Typ gehört zu den Zeitgenossen, die ihre Kräfte gern überschätzen und Warnungen leicht in den Wind schlagen. Weil es sich hier um einen sportlichen Typ handelt, „verbietet" es mitunter die Eitelkeit, eine Brille zu tragen. Nur selten denkt der Schütze-Geborene daran, daß öfter auftretende oder anhaltende Kopfschmerzen von den Augen kommen können.

Der Schütze-Mann und die moderne Partnerschaft

Der Schütze-Mann ist der Typ des ewigen Jägers. Dieser Vergleich paßt nicht nur, weil Herr Schütze so gerne umherstreift, sondern weil er von echter Jagdlust erfüllt ist.

Er jagt ständig hinter neuen Eindrücken her, in der Jugend auch häufig nach hübschen Mädchen (und manche Schütze-Herren bleiben in dieser Hinsicht ewig jung!), nach allem, was interessant und ein lohnendes Ziel zu sein scheint, nicht zuletzt auch nach Gewinn, wobei dieser wiederum ebenso materieller wie auch ideeller Natur sein kann.

Wie sein weibliches Gegenstück, die Schütze-Frau, kann man auch den Schütze-Mann zu jenen Menschen zählen, mit denen „es sich leben läßt". Echte charakterliche Defekte sind im Zeichen Schütze kaum anzutreffen – betonte Eigenwilligkeit schon, aber sie äußert sich meist auf charmante Art.

Den Mann, der für alle Frauen in gleicher Weise ein idealer Partner wäre, gibt es nicht. Immerhin zählt Herr Schütze zu jenen Männern, mit denen ein ziemlich großer Prozentsatz verschiedener Frauen zumindest nicht unglücklich werden wird.

Er ist lebensfroh (üble Stimmungen dauern bei ihm meist nicht lange), alles andere als ein Spaßverderber, keineswegs so oberflächlich, wie es manchmal den Anschein haben mag, vielmehr bei aller gesunden Realitätsbezogenheit, die ihm oft im Leben weiterhilft, auch durchaus idealistisch gesinnt, tolerant und echter Herzlichkeit fähig.

Da der Schütze-Mann, auch wenn er Tradition nicht verachtet, Neuem stets aufgeschlossen gegenübersteht, räumt er ein, daß eine allgemeine Veränderung der gesellschaftlichen Struktur es erforderlich machen könnte, das bisher übliche Muster der Partnerschaft von Mann und Frau neu zu überdenken.

Niemals wird ein Schütze auf stur schalten, wenn ihm Neues begegnet. Auch wenn sich Skepsis melden sollte, wird er die Ansicht vertreten,

daß man nicht einfach von vornherein ablehnen kann, was man noch nicht versucht hat. Die Einstellung des Schütze-Mannes zur modernen Partnerschaft kann also als vorsichtig aufgeschlossen charakterisiert werden. Die Vorsicht resultiert bei ihm vor allem aus dem Grundprinzip, daß er sich nichts aufzwingen lassen will. Eigene Entscheidungsfreiheit wird beim Schützen ganz groß geschrieben.
Jede neue Mode macht ihn neugierig und weckt seine Bereitschaft, sich damit auseinanderzusetzen, doch aufzwingen läßt er sich nun einmal nichts!
Kommt also eine Frau und erklärt ihm kurz und bündig, daß „man" jetzt dies und jenes so betrachten müsse, kontert der Schütze-Geborene erregt, daß er nicht „man" sei und es vorziehe, sich sein eigenes Urteil zu bilden. Schon möglich, daß er zustimmen könne, aber vorschreiben lasse er sich so etwas nicht. Von niemandem!
In jedem echten Schützen steckt ein Teil von einem Revolutionär, aber von einem gemäßigten. Und wenn die Revolution eine allgemeine ist, kann es durchaus geschehen, daß er – justament! – gegen die Revolution revoltiert.
Wer also einen Schütze-Mann für die Ideen der Gleichberechtigung erwärmen will, tut gut daran, ihm diese Gedanken nicht zwangsweise einzugeben, sondern sie einfach in den Raum zu stellen und dem Schütze-Geborenen auf diese Weise die Möglichkeit zu geben, sich freiwillig dazu zu bekennen.
Dieser Weg ist um so erfolgversprechender, als Herr Schütze ja allein schon auf Grund seiner Toleranz und seines Gerechtigkeitssinnes ohnedies nichts dagegen hat, daß sich die Frau, die er liebt, ihr Leben so einrichtet, daß sie damit glücklich ist.
Es versteht sich von selbst und ist eigentlich eine ganz normale Regung, wenn sich der Schütze-Mann wünscht, daß er selbst nicht zu kurz kommt, sobald die Frau an ihre Selbstverwirklichung schreitet und glaubt, diese nicht ausschließlich in der Rolle seiner Gefährtin zu finden.

Herr Schütze wird in der Regel kaum etwas dagegen einzuwenden haben, wenn seine Partnerin sich zum Beispiel um Weiterbildung bemüht, Kurse besucht oder Ähnliches unternimmt. Das mag er sogar begrüßen, denn er erwartet sich davon Anregungen, die mittelbar auch in sein eigenes Leben hineingetragen werden.

Er gehört auch nicht zu jener Sorte Mann, die zwar selbst Freundschaftsbeziehungen pflegt, der Frau aber die Hölle heiß macht, wenn sie sich mit ihren Freundinnen trifft.

Da ist er gerecht genug, zuzugeben, daß für jeden der beiden Partner dasselbe gelten müsse. Vielleicht regt sich bisweilen so etwas wie Eifersucht auf Kontakte, an denen er nicht teilhat, in ihm, aber in den meisten Fällen versteht er sie zu zügeln.

Ungehaltenheit resultiert bei ihm weniger aus dem Umstand, daß es im Leben der Frau noch andere Beziehungen außer der zu ihm gibt, als gegebenenfalls daraus, daß dadurch die Zeit, die er mit ihr verbringen möchte, verkürzt wird. Diesbezüglich sollte man seine Geduld besser nicht auf eine allzu harte Probe stellen.

Ist der Partnerin die eigene Berufstätigkeit wichtig, wird ein Schütze-Mann nur selten ein unumstößliches Veto einlegen. Er sagt sich wahrscheinlich, daß eine zufriedene Frau auch eine angenehmere Partnerin ist.

Nur wenn der Beruf der Gefährtin zu kraß in die private Sphäre übergreift, wenn etwa ihre Dienstzeiten so gelagert sind, daß die gemeinsame Freizeit dadurch beschnitten wird, kann auch ein aufgeschlossener Schütze-Mann ungemütlich werden. Da gelangt sein Verstehen an seine Grenze.

Wird der Schütze-Mann nicht überfordert, kann man sich im allgemeinen mit ihm arrangieren. Ein Appell an seine Hilfsbereitschaft, gelegentlich eine kleine Schmeichelei und Worte des Dankes fallen bei ihm durchaus auf fruchtbaren Boden.

Nett gebeten und von Zeit zu Zeit gelobt und bewundert, wird der Schütze-Mann meist bereit sein, seiner berufstätigen Partnerin den

einen oder anderen Weg abzunehmen, sich einmal mit der Waschmaschine vertraut zu machen und – je nach persönlicher Begabung – vielleicht beim Kochen oder Saubermachen zu helfen. Wichtig ist, ihn in der Überzeugung zu bestärken, daß er all das letzten Endes freiwillig tut, weil er eben so tüchtig ist.
Was die sexuelle Freizügigkeit betrifft, die für manche zur modernen Partnerschaft gehört, ist die Stellungnahme der Schütze-Männer nicht so klar. Es kann durchaus sein, daß sie sich selbst gelegentlich einen Seitensprung gestatten, Ähnliches aber – modern hin, modern her – der Partnerin nicht zuzugestehen bereit sind.

Die Schütze-Frau und die moderne Partnerschaft

Frau Schütze ist eine willensstarke, unternehmungslustige und lebensbejahende Persönlichkeit. Es ist relativ leicht, mit ihr gut auszukommen, da in ihrem Wesen für Toleranz eine Menge Platz ist und die Liebenswürdigkeit zu ihren Hauptzügen gehört.
Beziehungen, seien sie nun verwandtschaftlicher oder freundschaftlicher Art, gestalten sich dann am erfreulichsten, wenn sie nicht allzu intensiv sind. Die echte Schützin liebt nämlich Kontakte zu möglichst vielen Menschen, möchte gleichzeitig aber auch ihren persönlichen Freiraum wahren, das heißt, man darf nicht versuchen, sie allzu eng an sich zu binden. Im allgemeinen ist sie verläßlich und hilfsbereit – wenn Freunde in Not geraten, wird sie ihnen gerne und schnell beispringen. Dann läßt sie wieder einmal wochenlang nichts von sich hören, und wenn man ihr vorhält, daß sich so etwas mit echter Freundschaft nicht verträgt, schüttelt sie höchstens erstaunt den Kopf.
Will man die Vertreterinnen der verschiedenen Sternzeichen im Hinblick darauf, ob sie für die modernen Formen der Partnerschaft geeignet sind, in eine gewisse Reihenfolge bringen, so sind die Schütze-Geborenen ganz sicher in die erste Gruppe zu stellen.
Diese Frauen sind nämlich genau dafür geschaffen, mit Selbstbewußtsein ihren Platz als gleichberechtigte Partnerin eines Mannes zu behaupten.
Die Schütze-Frau, die so gerne ein buntes, abwechslungsreiches und bis an den Rand „volles" Leben lebt, möchte auch in der Partnerschaft so unabhängig wie möglich sein. Es ist ihr innerstes Bedürfnis, Entscheidungen frei treffen zu können, auch wenn sie eine Bindung eingegangen ist.
An die Kette legen läßt sich die Schütze-Geborene – wenn überhaupt! – nur, sofern diese Kette so lang und leicht wie nur irgend möglich ist. Sie sollte überhaupt nicht spürbar sein.

Schütze-Frauen, die sich selbst gut kennen, schrecken öfter vor festen Bindungen zurück, weil sie fürchten, daß dann ihr Leben, so wie sie es lebenswert finden, praktisch zu Ende sei. Sie gehen wohl Beziehungen zu Männern ein, denn sie haben viel Spaß daran, sind schließlich sexuell keineswegs bedürfnislos, aber sie flüchten bisweilen, wenn sie bemerken, daß es zu „ernst" werden könnte.

Manche lehnen es überhaupt ab, sich an einen einzelnen Mann zu binden, nehmen vielmehr für sich die Freiheit heraus, mehrere Beziehungen verschiedener Art parallel zu pflegen, und fragen, wenn man ihnen deshalb ins Gewissen reden möchte, höchst erstaunt: Warum soll eine Frau sich nicht gestatten dürfen, was Männer schon seit geraumer Zeit für sich in Anspruch nehmen?

Der Hang, sich zu emanzipieren, ist der Schützin angeboren. Sie ist überzeugt davon, daß es in puncto Lebensgestaltung, Rechte und Pflichten keinen Unterschied zwischen Männern und Frauen geben dürfte. Die Einteilung in sogenannte Männerberufe und Frauenberufe zum Beispiel findet sie absurd. In jedem Beruf soll echte Chancengleichheit für Frauen und Männer bestehen, fordert sie. Immerhin ist sie vernünftig genug, von ihren Geschlechtsgenossinnen nicht samt und sonders zu verlangen, daß sie sich nun plötzlich in bisher männlicher Domäne bewähren. Sie meint nur, daß jede Frau die Möglichkeit dazu haben sollte.

Wenn sich eine Frau für technische Dinge interessiert, dann soll sie diesen Interessen nachgehen dürfen und nicht belächelt werden. Man soll ihr keine Steine in den Weg legen. Hat umgekehrt eine Frau den Wunsch, daheim nur für Mann und Kinder zu leben, findet die Schützin das genauso in Ordnung. Jeder soll nach seinem Geschmack selig werden.

Diese Einstellung unterscheidet die Schütze-Frau von zu rabiaten Vorkämpferinnen der Frauenbewegung. Es kommt ihr wirklich nicht in den Sinn, die Männerherrschaft durch Frauenherrschaft zu ersetzen. Sie ist für echte Ausgewogenheit.

So wird sie beispielsweise als berufstätige Ehefrau nicht etwa erwarten, daß der Mann nun den Großteil der Hausarbeit übernimmt, um sie zu entlasten, aber eine vernünftige Arbeitsteilung im Haushalt erscheint ihr unter den Vorzeichen selbstverständlich. Warum sollte sich das denn nicht organisieren lassen, wenn beide einsichtig sind?
Immer schon gehörte die Schütze-Geborene zu jenem Frauentyp, der sich von den Haushaltspflichten nicht versklaven läßt. Auch wenn sie selbst einen Beruf hat, so hat sie doch zumindest eine ganze Reihe von Interessen, die es wünschenswert erscheinen lassen, daß die Arbeit mit Kochtopf und Staubsauger, Nähnadel und Bügeleisen nicht mehr Zeit beansprucht als unbedingt nötig.
Es muß noch genügend Zeit übrigbleiben, um zu lesen und Kontakte zu pflegen, sich über alles Neue zu orientieren und summa summarum dem Leben so viele schöne Seiten wie irgend möglich abzugewinnen.
Was die Schütze-Geborene eindeutig nicht will, das ist, von einem Menschen – und sei es der liebste – abhängig zu sein, womöglich für jeden Schritt zunächst seine Erlaubnis einholen zu müssen.
Ihr Unabhängigkeitsstreben kann verschieden stark ausgeprägt sein, manchmal bis zum Extrem gehen, doch auch wenn es in geringerer Dosierung auftritt, darf man sich nicht täuschen lassen: Es ist vorhanden und läßt sich auf die Dauer nicht unterdrücken.
Wer die Schützin etwa zur krassen Egoistin stempeln möchte, tut ihr meist unrecht. Sie ist nämlich durchaus bereit, auch einmal auf persönliche Wünsche zu verzichten, wenn es erforderlich ist. Worauf es bei ihr vordringlich ankommt, ist, daß dieser Verzicht von ihr nicht gefordert wird, sondern daß sie sich freiwillig dazu entschließen kann.
Mit allem ihrem Selbständigkeitsstreben und ihrem Griff nach Rechten, die man lange Zeit hindurch nur den Männern zugestand, ist die Schützin keineswegs eine „unweibliche" Frau. Sie läßt sich gerne umwerben, kann auch sehr weich und zärtlich sein und ist auch meist eine sehr gute Mutter. Sie findet sich bloß ganz einfach in der Rolle

eines hilflosen kleinen Frauchens, einer Befehlsempfängerin, einer irgendwie „Untergeordneten" nicht zurecht.
Wer sie gelten läßt, so wie sie nun einmal ist, findet in ihr meist eine prächtige Kameradin, die viel zu geben hat und der man gelegentliches Trotzen nicht zu sehr ankreiden sollte.
Die Unbekümmertheit, die sie bisweilen zur Schau trägt, eine fröhliche Großzügigkeit, ja manchmal auch eine Portion Leichtsinn, all das kommt – vielleicht unbewußt – aus dem Gefühl, es mit dem Leben und seinen Tücken durchaus aufnehmen zu können, da beachtliche Kraftreserven vorhanden sind. Die Schütze-Geborene ist eine der größten Optimistinnen unter der Sonne. Es mag dieser Optimismus sein, der sie gerne das Experiment einer modernen Partnerschaft eingehen läßt. Warum sollte es denn nicht klappen?

Wer paßt am besten zum Schütze-Mann?

Die Steinbock-Frau (22. Dezember bis 20. Januar)
Ob Frauen aus dem Zeichen Steinbock die ideale Ergänzung für Schütze-Männer verkörpern, muß mit einem Fragezeichen versehen werden. Wenn der betreffende Schütze bereits in die Phase der Stabilisierung eingetreten und die Frau nicht allzu „streng" und starr in den Ansichten ist, könnte es wohl klappen; doch ein unbefriedigender Rest wird stets verbleiben.

Die Wassermann-Frau (21. Januar bis 19. Februar)
Schütze-Männer und Wassermann-Frauen können zwar prächtige Kameraden abgeben, in größerer Gesellschaft ein Team bilden und zahlreiche gemeinsame Interessen pflegen, doch zeigt es sich oft, daß die günstigen Vorzeichen zusammenschmelzen, sobald es um engere und engste, also auch intime Beziehungen geht. Die Chancen sind etwa 50:50.

Die Fische-Frau (20. Februar bis 20. März)
Verbindungen mit Fische-Geborenen können kaum bejaht werden. Die Verschiedenheit der Charaktere ist so groß, daß schon ein Wunder geschehen müßte, wenn Schütze-Mann und Fische-Frau das Glück dauernd auf ihre Seite bringen könnten.

Die Widder-Frau (21. März bis 20. April)
Hingegen sind die Chancen für Paare aus den Zeichen Schütze und Widder überdurchschnittlich. Diese Partner harmonieren nicht nur auf erotischer Basis vorzüglich, sie verstehen einander auch sonst sehr gut. Selbstverständlich darf die Widder-Geborene nicht die „Herrin" allzu stark hervorkehren, doch dem Schütze-Mann gegenüber wird es ihr vielleicht nicht zu schwerfallen, ihre Herrschgelüste zu bezähmen. Er ist der Typ, dem sie gerne einmal den Willen läßt.

Die $\mathcal{S}$tier-Frau (21. April bis 20. Mai)
Grund zur Eifersucht liefert der Schütze-Mann einer Stier-Gefährtin reichlich – ihrer Meinung nach. Und auch sonst dürfte es mehr als verträglich im Gebälk dieser Verbindung knacken. Ausnahmen sind möglich – aber sicher nicht häufig zu finden.

Die $\mathcal{Z}$willinge-Frau (21. Mai bis 21. Juni)
Zwillinge-Frau und Schütze-Mann finden rasch Kontakt. Sie sind einander sympathisch, und bei Gesprächen zeigt sich immer mehr, daß sie in vielen Punkten dieselbe Meinung vertreten. Wenn es dann allerdings darum geht, die beiden „Programme" gemeinsam in die Lebenspraxis zu übertragen, könnten sich Schwierigkeiten einstellen. Immerhin: Diese Schwierigkeiten ließen sich überwinden. Ein wenig Nachgeben auf beiden Seiten, und dem Glück auf Kompromißbasis steht nicht viel im Weg.

Die $\mathcal{K}$rebs-Frau (22. Juni bis 22. Juli)
Gegensätze befinden sich den Punkten der Übereinstimmung gegenüber in der Mehrzahl, wenn Schütze-Mann und Krebs-Frau eine gemeinsame Basis suchen. Daran wird sich auch bei längerer Bekanntschaft nichts ändern. Im Durchschnitt kommt auf vier Fehlschläge ein Beispiel, das als leidlich funktionierend bezeichnet werden kann, doch auch dann ist die Dauer so einer Beziehung eher begrenzt.

Die $\mathcal{L}$öwe-Frau (23. Juli bis 23. August)
Recht lebhaft verspricht das Liebesverhältnis zwischen Schütze-Mann und Löwe-Frau zu werden. Und es könnte nicht nur lebhaft – es könnte herrlich werden, wenn – wenn die Löwe-Geborene Klugheit walten ließe. Die Frau hat die weitere Entwicklung in diesem Fall mehr in Händen als der Mann. Der Schütze ist prinzipiell positiv zu Löwinnen eingestellt. Er läßt diesem Typ auch manches durchgehen, nur zu bunt darf es die Löwe-Geborene nicht treiben.

Die Jungfrau-Frau (24. August bis 23. September)
Bei den Partnerschaften zwischen Schütze-Mann und Jungfrau-Frau verhält es sich eigenartig. Manche kommen über die ersten Runden überhaupt nicht hinaus, gehen wieder auseinander, ehe es zum richtigen Erkennen des Partners kam. Die Anlaufzeit ist weitaus länger als bei anderen Partnerinnen. Intimeres Bekanntwerden ist eher selten. Erfolgt es, ist noch immer nichts entschieden, denn gerade Jungfrau-Geborene brauchen oft ungeheuer lange, ehe sie bereit sind, sich so zu zeigen und zu geben, wie sie wirklich sind. Hat ein Paar aber alle die Hindernisse überwunden, läßt sich Schönes und Dauerhaftes erwarten.

Die Waage-Frau (24. September bis 23. Oktober)
Mit Waage-Frauen geht es dem Schütze-Mann meist umgekehrt. Da entwickelt sich nach ersten Geplänkeln im Rekordtempo eine Liebelei. Und damit ist oft bereits die Grenze erreicht. Mit anderen Worten: Derartige Beziehungen können zwar durchaus amüsant sein, die Vertiefung aber stellt sich nur selten ein.

Die Skorpion-Frau (24. Oktober bis 22. November)
Skorpion-Frauen sind Widerspruchsgeister, und das vermag den Schütze-Mann vorübergehend zu reizen. Daß es eines Tages zur Ernüchterung kommt, ist nahezu sicher, es fragt sich bloß, wie lange es dauert, bis der Schütze-Mann erkannt hat, daß eine Skorpionin so ziemlich genau jenen Typ verkörpert, mit dem er nicht leben kann.

Die Schütze-Frau (23. November bis 21. Dezember)
Die „Schützin" hat beim Schützen zunächst recht gute Chancen. Sie haben die gleiche Wellenlänge. Reibereien können sich allerdings aus dem starken Unabhängigkeitswillen beider Partner ergeben. Erfahrungen sollten nach Möglichkeit gemeinsam gesammelt werden.

Wer paßt am besten zur Schütze-Frau?

Der Steinbock-Mann (22. Dezember bis 20. Januar)
Ein Steinbock-Mann zum Beispiel bringt etliche Eigenschaften mit, die der Schützin imponieren. Er ist ehrgeizig, zielstrebig und erreicht auch meist, was er sich vornimmt. Auf sexuellem Gebiet ist ebenfalls eine weitgehende Übereinstimmung zu erreichen. Wenn trotzdem nur jeder zweite Steinbock-Mann für Schützinnen „in Frage" kommt, liegt dies daran, daß Erdzeichen-Männer häufig eine gewisse Starrheit in ihren Ansichten aufweisen und wegen ihrer Gründlichkeit (bisweilen auch Schwerfälligkeit) den Schwung vermissen lassen, den Schütze-Frauen lieben.

Der Wassermann-Mann (21. Januar bis 19. Februar)
Wassermann-Geborene sind in der Mehrzahl recht unternehmungslustig, kontaktfreudig und beweglich – also im Wesen dem der Schützin näherstehend. So eine Verbindung könnte höchst abwechslungsreich verlaufen. Entscheidend ist wohl, ob der im Planen große Wassermann auch im Durchführen „groß" ist oder ob seine Begeisterung erlahmt, sobald es Schwierigkeiten gibt. Relativ häufig fühlen sich Schütze-Frauen nach einiger Zeit von ihren Wassermann-Gefährten enttäuscht, und das trifft sie um so härter, als der Beginn doch so vielversprechend war. Es sind allerdings auch beglückende Ausnahmen möglich.

Der Fische-Mann (20. Februar bis 20. März)
Von Fische-Männern muß Schütze-Frauen eher abgeraten werden. Es mag sein, daß ihnen anfangs die Bewunderung dieser Anbeter schmeichelt, doch der weitere Verlauf ist selten gut. Dem Fische-Typ fehlt die geschmeidige Stärke, um sich neben der Schützin zu behaupten. Das muß keineswegs bedeuten, daß der betreffende Fisch ein Schwächling ist – er ist eben nicht der Mann nach dem Geschmack einer feurigen Schützin, und seine Launen stoßen bei ihr auf kein Verständnis.

Der Widder-Mann (21. März bis 20. April)
Mit einem Widder-Mann hingegen könnte sich Prächtiges ergeben. Es wird Kämpfe geben, das ist so gut wie sicher, doch ist die Chance für glückverheißendes „Zusammenraufen" überdurchschnittlich groß. Von diesen sehr günstigen Prognosen (auch erotisch harmonieren die beiden meist vorzüglich!) sind nur jene Widder-Männer ausgenommen, die ihre Kraft falsch ausspielen und die Tyrannen hervorkehren.

Der Stier-Mann (21. April bis 20. Mai)
Bei Stier-Männern hingegen sind wiederum Bedenken anzumelden. Die große Liebeskraft der Stier-Geborenen und ihre Leidenschaft könnten die Schütze-Frau zwar glücklich machen, doch haben Stier-Männer zwei Eigenschaften, die bei Schützinnen auf keinerlei Gegenliebe stoßen: Sie verbergen ihre weichen und zärtlichen Regungen, und sie kehren der Partnerin gegenüber zu sehr die „Herren und Besitzer" hervor. Das kann auf die Dauer nicht gutgehen, zumal Stier-Männer auch eine üble Neigung zum Kritisieren haben und Diplomatie vermissen lassen.

Der Zwillinge-Mann (21. Mai bis 21. Juni)
Zwillinge-Männer könnten fröhliche Kameraden für Schütze-Frauen sein. Wie sich so ein Liebesbündnis weiter entwickelt, hängt ähnlich wie bei der Wassermann-Geborenen davon ab, ob der Zwillinge-Typ seine „Luftschlösser" den Realitäten anzupassen versteht oder nicht. Denn so amüsant die Schütze-Frau den ideenreichen, phantasievollen und begeisterungsfähigen Zwilling auch finden mag – sie ist bei all ihrem Temperament und Wagemut vernünftig genug, zwischen Phantasiegebilden und Realisierbarem unterscheiden zu können. Ein relativ solider Zwilling mit Durchschlagskraft hat bei ihr Chancen – aber nur dieser!

Der ℋ*rebs-Mann (22. Juni bis 22. Juli)*
Daß Schütze-Frau und Krebs-Mann miteinander glücklich werden können, muß doch ziemlich bezweifelt werden. Sie sitzen schwerlich im selben Boot. Einer hat für die Vorzüge des andern wenig „Verwendung", die beiderseitigen Schwächen aber fallen besonders stark ins Gewicht.

Der ℒ*öwe-Mann (23. Juli bis 23. August)*
Löwe und Schütze stehen in einem günstigen Verhältnis zueinander. Es ist eine breite Basis vorhanden, auf der gebaut werden könnte. In erotischer Hinsicht kann man sogar von Idealpartnern sprechen, auch die Zielrichtung ist verwandt, ebenso die Lebensbejahung und die Freude an einem gewissen Luxus. Ein Versuch darf auf jeden Fall gewagt werden.

Der 𝒥*ungfrau-Mann (24. August bis 23. September)*
Wenn dem Paar Schütze-Mann – Jungfrau-Geborene zu Geduld geraten werden durfte, da auf „weitere Sicht" ihre Chancen immer größer werden, gilt das im umgekehrten Fall, also für Jungfrau-Mann – Schütze-Frau in viel geringerem Maße. Trennendes schiebt sich beim Charaktervergleich in den Vordergrund.

Der 𝒲*aage-Mann (24. September bis 23. Oktober)*
Ein Waage-Mann? – Nun, da sind vielerlei Berührungspunkte gegeben, gleichzeitig aber drängt sich die Frage auf, ob dieses Paar nicht lieber im Bereich herzlicher Freundschaft und Kameradschaft haltmachen sollte. Je lockerer nämlich die Beziehung, desto dauerhafter könnte sie sein. Zuviel „Nähe" und Vertrautheit tut dem Paar Waage-Schütze nicht gut.

Der 𝒮*korpion-Mann (24. Oktober bis 22. November)*
Nur Skorpion-Männer, die zu den positivsten Vertretern dieses widerspruchsvollen Zeichens gehören, kommen als Partner in Frage. Sie müßten besonders gezügelt, tolerant und aufgeschlossen sein.

Der Schütze-Mann (23. November bis 21. Dezember)
In der Regel kommen zwei Schützen sehr gut miteinander aus. Sie denken und fühlen auf der gleichen Wellenlänge und haben viele gemeinsame Interessen. Die beiden sollten jedoch darauf achten, vieles gemeinsam zu unternehmen. Sonst besteht die Gefahr des sich Auseinanderlebens.

ISBN 3-8118-5882-3
Neff ist ein Imprint der Verlagsunion Pabel Moewig KG, Rastatt
© 1998 by VPM Verlagsunion Pabel Moewig KG, Rastatt
Die Verwertung der Texte und Bilder, auch auszugsweise, ist ohne Zustimmung des Verlages urheberrechtswidrig und strafbar. Dies gilt auch für Vervielfältigungen, Übersetzungen, Mikroverfilmung und für die Verarbeitung mit elektronischen Systemen.
Titelbild und Illustration: Possi/Agentur Holl, Aachen
Fotos: Silvestris Verlags- und Vertriebs GmbH, Altötting; Peter Nagel, Frankfurt
Text: Heidelore Kluge
Konzeption: Jockel & Partner Verlagsagentur, Karben
Printed in Germany
Die Ratschläge in diesem Buch wurden von Autorin und Verlag sorgfältig erwogen und geprüft, dennoch kann eine Garantie nicht übernommen werden. Eine Haftung der Autorin bzw. des Verlages und seiner Beauftragten für Personen-, Sach- und Vermögensschäden ist ausgeschlossen.